戴建業 主編

漫友文化 繪

國家圖書館出版品預行編目 (CIP) 資料

如果史記這麼帥 . 1, 帝國風雲 (超燃漫畫學
歷史＋成語) / 戴建業主編 , 漫友文化 繪 . --
初版 . -- 新北市 : 野人文化股份有限公司出版
: 遠足文化事業股份有限公司發行 , 2022.07
　面 ;　　公分
ISBN 978-986-384-748-9(平裝)

1.CST: 史記 2.CST: 漫畫

610.11　　　　　　　　　　　111010054

Graphic Times 35

如果史記這麼帥 ❶ 帝國風雲

編　　者　　戴建業
繪　　者　　漫友文化

社　　長　　張瑩瑩
總 編 輯　　蔡麗真
副 主 編　　徐子涵
行銷經理　　林麗紅
行銷企劃　　蔡逸萱、李映柔
封面設計　　周家瑤
校　　對　　魏秋綢
繁中版美術設計　　洪素貞、許庭瑄

出　　版　　野人文化股份有限公司
發　　行　　遠足文化事業股份有限公司 (讀書共和國出版集團)
　　　　　　地址 : 231 新北市新店區民權路 108-2 號 9 樓
　　　　　　電話：（02）2218-1417　傳真：（02）8667-1065
　　　　　　電子信箱：service@bookrep.com.tw
　　　　　　網址：www.bookrep.com.tw
　　　　　　郵撥帳號：19504465 遠足文化事業股份有限公司
　　　　　　客服專線：0800-221-029
法律顧問　　華洋法律事務所　蘇文生律師
印　　製　　凱林彩印股份有限公司
初版首刷　　2022 年 7 月
初版 5 刷　　2023 年 6 月

特別聲明：有關本書中的言論內容，不代表本公司 / 出版集團之立場與意見，
文責由作者自行承擔
歡迎團體訂購，另有優惠，請洽業務部（02）22181417 分機 1124

如果史記這麼帥 (1)
線上讀者回函專用 QR CODE，
您的寶貴意見，將是我們進步
的最大動力。

野人文化官方網頁

青少年為何要讀、如何去讀《史記》？

常有家長給我留言或私訊：戴教授，能不能給我小孩推薦一本書，讓他了解中國的歷史文化？

我第一個想到的就是《史記》。

《史記》既是最早的一部中國通史，也是中國最早的一部百科全書，同時還是一部偉大的文學經典。

在《報任少卿書》中，司馬遷向朋友坦露了自己寫《史記》的雄心：「究天人之際，通古今之變，成一家之言。」用今天的話說，就是要探究天道與人事的關係，貫通古今發展演變的脈絡，形成自己獨特的思想觀念。這是何等的胸襟、氣魄、膽識與才華！司馬遷生活在氣度恢弘的大漢鼎盛時期，漢武帝下《求茂才異等詔》說：「蓋有非常之功，必待非常之人。」只有西漢那樣的「非常」之世，才會有司馬遷這樣的「非常之人」；也只司馬遷這樣的「非常之人」，才會有《史記》這樣的「非常」之作。

顧名思義，《史記》首先是史學名著。小朋友知道自己是爸爸媽媽生的，爸爸媽媽是爺爺奶奶生的，少數孩子也許還知道，爺爺奶奶是曾祖父曾祖母生的，再往上推就可能兩眼茫然。《史記》從傳說中的「五帝」──黃帝、顓頊、帝嚳、堯、舜，一直寫到漢武帝時期，也就是從「古」貫穿到「今」，如夏代開國之君，也是大家熟悉的治水之王禹，殘暴的夏桀，荒淫的商紂，還有周文王、周武王、周公、秦始皇等等，從「人文初祖」說起，直到漢武帝開疆拓土結束。儒家奉為經書的《尚書》，也只有一篇《堯典》寫到堯，《春秋》更只記述了春秋時期魯國200多年的歷史。司馬遷在《五帝本紀》中說：「余嘗西至空桐，北過涿鹿，東漸於海，南浮江淮矣，至長老皆各往往稱黃帝、堯、舜之處。」他將實地考察、歷史傳說和文獻記載相互參證，彌補了前人史書記載的缺憾，追索至民族歷史的開端。

要想了解中華民族文化的起源，要想知道華夏民族如何形成，要想知道我們祖先怎樣生活，要想知道傳統文化的特點，偉大的《史記》是今天的首選。

《史記》同時也是一部「傳統文化概論」，它本身就是傳統文化的結晶。雖然司馬遷可能對道家更有好感，班固因此埋怨他「是非頗繆於聖人」，但《史記》中有《孔子世家》，而老子只入《老子韓非列傳》，不只「世家」地位高於「列

傳」，而且老子還是與他人合傳。司馬遷作為史學家那客觀公允的態度，還有他那寬廣博大的胸懷，使他的《史記》能夠融匯百家。《史記》包括本紀、表、書、世家、列傳五體。這五體彼此獨立又相互補充，正如鄭樵所說的那樣，「本紀紀年，世家傳代，表以正曆，書以類事，傳以著人，使百代而下，史官不能易其法，學者不能舍其書」。本紀是歷代帝王活動簡史。「本」的意思是「根」，「紀」的意思是「記」，本紀就是記載有根本意義的國家大事。「表」是以表格的形式，把天下同時發生的大事編在一起，讓讀者易於縱覽全域，易於觀政治得失。「書」是對天文、地理、科技、經濟、文化、商貿等方面的專門記載與闡釋，分別記述了禮、樂、律、曆、天官、封禪、河渠、經濟，這八書就是八門學科簡史。「世家」是記載世代相延的家族史，突出重要歷史人物的身世，其中大多是王侯將相，但也有百代先師《孔子世家》，和農民起義英雄《陳涉世家》。「列傳」是重要歷史人物的傳記。

一部《史記》，「天上人間」無所不包，體現了作者「究天人之際」的宗旨。從天文到地理，從禮樂到經濟，從曆法到封禪，既縱橫交錯又脈絡清晰，司馬遷知識的廣博和思想的深刻讓人驚嘆！

《史記》同時又是文學經典，是古代散文難以超越的高峰。古人稱其文風「雄深雅健」，「雄」指《史記》文章雄強的氣勢，「深」指深沉的情感和深邃的文境，「雅健」指語言的遒勁雅潔。它刻畫人物的高超技巧，它行文獨特的敘事方法，它栩栩如生的對話藝術，不僅深刻地影響了後世散文家，也影響了一代代小說家，甚至還影響了許多詩人。梁啟超在《要籍解題及其讀法》中說：「後世諸史之列傳，多藉史以傳人；《史記》之列傳，惟藉人以明史。」歷史是人的活動軌跡，《史記》把人寫活了，因而也就把史寫活了。即使今天翻開《史記》，幾千年前的歷史人物仍舊活靈活現，那些驚心動魄的歷史像在眼前重演。

還是魯迅對《史記》的評價最為深刻形象：「史家之絕唱，無韻之離騷。」《史記》是史家的絕唱，也是文學的典範。

現在的中小學語文課本，節選了《史記》中的許多名篇。我們的常用成語許多來自《史記》，如完璧歸趙、運籌帷幄、約法三章、網開一面、背水一戰、取而代之、隨波逐流、如膠似漆、與世沉浮、短小精悍、多多益善、高屋建瓴、指鹿為馬、紙上談兵、沐猴而冠、招搖過市、怒髮衝冠、鴻鵠之志、肝腦塗地、

四面楚歌、負荊請罪、脫穎而出、坐山觀虎鬥等等。今天的日常交流，我們一張口就離不開《史記》：「這對情侶如膠似漆，天天黏在一起」、「你就知道紙上談兵」、「現在大家要破釜沉舟，豁出去」、「這小子在眾多競爭者中脫穎而出」……等，可見《史記》已經融為民族的文化血液。

總之，對於今天的青少年來說，熟悉中國歷史要讀《史記》，學習傳統文化要讀《史記》，練習作文要讀《史記》，開拓心胸更要讀《史記》。

遺憾的是，不僅青少年讀《史記》十分困難，今天成人讀《史記》同樣「頭痛」。如今，《史記》與讀者之間，有文字的障礙，有背景的差異，有感情的隔膜，很多人知道它營養豐富，但不知道如何從它那兒吸取營養。

當然，不只是《史記》如此，許多古代文學經典同樣如此。幾年前，《光明日報》報導今天「死活讀不下去」的十本書中，古代四大小說名著都赫然在列。這些小說名著都用白話寫成，成人讀不下去不是語言問題，所以《史記》即使白話翻譯，也很難引起青少年的興趣。

而要讓青少年熟讀《史記》，就必須激發他們的閱讀興趣。正如食物一樣，不能只對小孩說它的好處，還得讓小孩覺得它好吃，再好的食物孩子不愛吃就是白費，再好的書孩子不愛讀也是枉然。

於是，我們請了一流的漫畫家，請了優秀的作家，將《史記》中的美妙文章，變成孩子們喜歡的有趣漫畫，讓青少年在笑聲中「漫畫讀史記」，將過去他們被逼著來讀，變成他們自己迫切想去讀。

為了讓青少年用漫畫「讀」熟《史記》，我們每個章節都設計了不少小專欄，或提示重點，或引導思考，或強化記憶。漫畫不只配有趣味橫生的解說，每頁下面還附有一小段《史記》原文，讓孩子們循序漸進地學習古代名著。另外，每一冊都有「詞語大富翁」，讓小孩「讀」漫畫時又記住了成語典故。

我們這些努力的目的，就是要讓小孩津津有味地看漫畫時，在不知不覺中提高閱讀能力，在潛移默化中提升寫作水準。

可憐天下老師心！

劉建業

2022 年元月於武昌

人物關係圖・帝國風雲篇

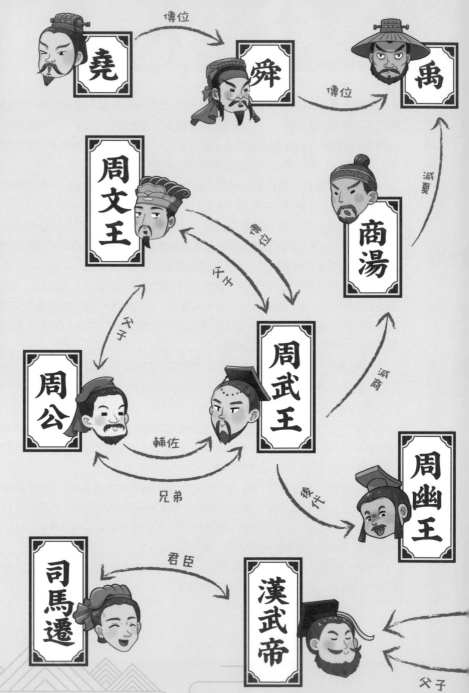

堯 ——傳位—→ 舜 ——傳位—→ 禹

舜 —傳位—→ 禹

禹 ←—滅夏—— 商湯

周文王 ——傳位—→ 周武王

周文王 ←—父子— 周武王

周文王 ←—父子—→ 周公

周公 ——輔佐—→ 周武王

周公 ←—兄弟—→ 周武王

周武王 ——滅商—→ 商湯

周武王 ——後代—→ 周幽王

司馬遷 ←—君臣—— 漢武帝

漢武帝 ←—父子——

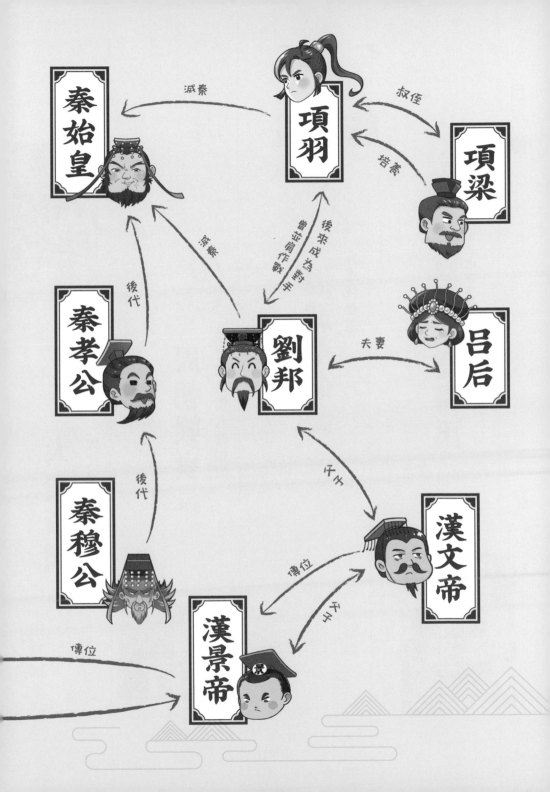

堯舜禹

上古三巨頭

1

上古時期，中原地區先後出
現了三位德才兼備的部落領
袖──堯、舜、禹，他們深
受百姓們的愛戴。

堯

開啟『禪讓』的至仁聖君

堯

　　傳說堯是黃帝的五世孫，十三歲受封於陶，十五歲改封於唐，號為陶唐氏。後來，他成為部落聯盟領袖。在他的帶領下，百姓相親相愛，百官政績卓著，各個部落和睦相處。堯還命人制定曆法，根據氣候變化規律確定了春分、夏至、秋分和冬至四時，教導民眾根據時令來耕作，不再耽誤農時，農業也因此有了飛躍性的發展。

　　堯沒有把帝位傳給兒子，而是在民間找了合適的繼承人──舜，對他進行了二十年的培養和考察，最後禪讓給他。堯治國能力強，又對權力沒有留戀，得到了後世的推崇和讚揚。

出生地
伊祁 （今河北保定）

生年
不詳

卒年
不詳

身份
中國上古時期 部落聯盟領袖

技能

禪讓大法

你知道嗎？　敲敲鼓就能「召喚」堯？

　　堯執政後，十分重視聽取百姓們的意見。傳說他在宮門前擺了一面「欲諫之鼓」，如果有人想要提建議，可以隨時敲打這面鼓。堯一聽到鼓聲，就會出來接待。據說後來衙門上的「鳴冤之鼓」，就是從這裡演變而來的。

舜

中華民族的德行之祖

舜

出生地

諸馮
（今山東菏澤）

生年

不詳

卒年

不詳

身份

中國上古時期
部落聯盟領袖

技能

感化萬民

以德報怨

　　舜小時候母親就去世了，他的父親瞽叟（《ㄨˇ
ㄙㄡˇ）娶了後母，又生了個弟弟叫象。舜既孝敬父
母，又友愛弟弟，卻經常受到他們的迫害。

　　後來舜受到堯的重用，他的家人更加嫉恨他。有
一次，舜被叫去挖井，挖到深處時，瞽叟和象竟然往
井裡填土，企圖活埋他，瓜分堯賞賜的財物。象還跑
到舜的房間裡彈琴取樂。幸好舜預先在井裡挖了暗
道，這才逃出生天。見到活著的舜，瞽叟和象大吃一
驚，但舜並不放在心上，對他們依舊如故。

　　堯聽說後，更加器重舜，讓他教化民眾，參與政
事，後傳位給他。

嗨！

你知道嗎？ 王妃的淚水澆灌出新物種

　　傳說舜在南方巡視時去世，
被葬在九疑山。他的兩個夫人娥
皇、女英聽到噩耗，一起跋山涉
水，來到湘江邊，望著九疑山痛
哭，眼淚灑在竹子上，形成斑斑
點點的淚痕。這就是「湘妃竹」，
也被稱作「斑竹」。

禹

治洪水、定九州的開國帝王

子承父業

堯帝時期，中原地區出現了一場大洪水，堯任用鯀（《ㄨㄣˇ）治水。鯀採用圍堵的方法，但治了九年都不成功。舜即位後，改用鯀的兒子禹，讓他繼續治水。

禹總結了鯀的經驗和教訓，化堵為疏。他治水十三年，多次經過家門口也不進去，終於將肆虐的洪水治得服服帖帖。百姓們十分感謝他，尊稱他為「大禹」。

禹治水成功後，舜效仿堯的做法，將帝位禪讓給他。禹劃定九州並鑄造九鼎，建立了中國歷史上第一個朝代——夏朝。他死後，帝位傳到了兒子啟的手上，啟死後也將帝位傳給自己的兒子。就這樣，王位世襲制代替了禪讓制。

老婆我今天就不回家了！

禹

出生地

西羌
（今四川附近）

生 年

不詳

卒 年

不詳

身 份

中國上古時期
部落聯盟領袖、
夏朝建立者

技 能

防禦洪水

原來如此　叫我司空禹

司空是古代官職名，相傳在遠古時期就設立，負責水利和土木工程，禹治水時就擔任這個職位。漢代本來沒有司空，直到漢成帝將御史大夫改為大司空。光武帝又去掉「大」字，將它與太尉、司徒合稱為三公。司空這個職位一直保留到宋朝，但具體職能有所變動。

大司空

堯舜禪讓，以才任君

堯是上古時期的部落聯盟領袖，
他制定曆法，勤政愛民。
在他的領導下，社會快速發展，人民團結友愛。

到了年老時，堯開始煩惱把帝位傳給誰。

帝堯者，放勳。其仁如天，其知如神。就之
如日，望之如雲。富而不驕，貴而不舒。
——《史記·五帝本紀》

如果史記這麼帥 ❶ 帝國風雲

他召集群臣商討這個問題，
一位大臣推薦了堯的兒子——丹朱。

但堯沒有偏袒自己的兒子，
他指出丹朱性情頑劣，不適合繼承帝位。

上古三巨頭　堯舜禹

堯曰：「誰可順此事？」放齊曰：「嗣子丹
朱開明。」堯曰：「吁！頑凶，不用。」
——《史記·五帝本紀》

史記

另一位大臣則推薦立下很多功勞的共工。

但堯對共工也不滿意，
認為他表裡不一，還不尊敬神明。

堯又曰：「誰可者？」讙兜曰：「共工旁
聚布功，可用。」堯曰：「共工善言，其用
僻，似恭漫天，不可。」
——《史記·五帝本紀》

討論來討論去，堯還是沒找到滿意的接班人。
想到自己一天天老去，他越來越焦慮。

於是，堯又召集各位臣子，讓他們自薦。
但他們都覺得自己不行。

堯曰：「嗟！四嶽：朕在位七十載，汝能庸
命，踐朕位？」嶽應曰：「鄙德忝帝位。」
——《史記·五帝本紀》

堯只好讓他們再推舉其他人選。
沒想到，大家異口同聲推薦了一位平民——舜。

據說，舜的父親是個盲人，
母親在他小時候就去世了。
之後他的父親再婚，生了一個小兒子。

堯曰：「悉舉貴戚及疏遠隱匿者。」眾皆
言於堯曰：「有矜在民間，曰虞舜。」 堯
曰：「然，朕聞之。其何如？」嶽曰：「盲者
子。父頑，母嚚，弟傲，能和以孝，烝烝
治，不至奸。」

——《史記·五帝本紀》

如果史記這麼帥❶ 帝國風雲

舜的父親偏愛小兒子，
全家人經常聯合起來欺負舜。

儘管如此，
舜還是一直孝敬父母、關愛弟弟，
持續用善心感化他們。

人生就像一場戲，
因為有緣才相聚。
相扶到老不容易，
是否更該去珍惜。

舜父瞽叟盲，而舜母死，瞽叟更娶妻而生
象，象傲。瞽叟愛後妻子，常欲殺舜，舜
避逃；及有小過，則受罪。舜事父及後母
與弟，日以篤謹，匪有解。
——《史記·五帝本紀》

堯聽後心生興趣，便把兩個女兒——
娥皇和女英嫁給舜，以便考察他的德行。

舜帶著兩位妻子搬到媯（《ㄨㄟ）水旁居住，
並教導她們治家之道。
娥皇和女英表現出色，獲得百姓的一致好評。

堯曰：「吾其試哉。」於是堯妻之二女，觀
其德於二女。舜飭下二女於媯汭，如婦
禮。
——《史記·五帝本紀》

之後，堯又讓九個兒子跟舜交往，
並派人觀察他的一言一行。

根據他們的報告，舜擁有非凡的凝聚力。
他所到之處，一年就能變成村落，
兩年就能變成小城鎮，三年就能變成大都市。

堯九男皆益篤。舜耕歷山，歷山之人皆讓
畔；漁雷澤，雷澤上人皆讓居；陶河濱，
河濱器皆不苦窳。一年而所居成聚，二年
成邑，三年成都。
　　　　　　　　——《史記·五帝本紀》

看到舜如此出色，堯很高興。
他給了舜一些獎賞，
並把他安排進政府管理部門。

舜果然沒有讓堯失望，
無論在什麼崗位上，
他都能把事情處理得井井有條。

> 堯善之，乃使舜慎和五典，五典能從。乃遍入百官，百官時序。賓於四門，四門穆穆，諸侯遠方賓客皆敬。
> ——《史記·五帝本紀》

堯確認舜就是最理想的接班人，
於是給他設置了最後的考驗——
走遍整個領地，實地了解情況。

舜一路上翻山越嶺，
遭遇風霜雨雪，差點迷失方向。

> 舜入于大麓，烈風雷雨不迷，堯乃知舜之
> 足授天下。
> ——《史記·五帝本紀》

但舜沒有打退堂鼓，
他戰勝重重困難，
圓滿完成了任務。

堯十分欣慰。
他知道，是時候正式傳位了。

堯老，使舜攝行天子政，巡狩。舜得舉用
事二十年，而堯使攝政。
——《史記·五帝本紀》

不久，
堯為舜舉行了禪位儀式，
但舜卻一再謙讓。

堯去世後，舜想將帝位讓給堯的兒子，
但大家始終認為舜才是真正的領袖。
就這樣，舜聽從民意，登上了帝位。

堯崩，三年之喪畢，舜讓辟丹朱于南河之
南。諸侯朝覲者不之丹朱而之舜，獄訟
者不之丹朱而之舜，謳歌者不謳歌丹朱
而謳歌舜。舜曰「天也」，夫而後之中國
踐天子位焉，是為帝舜。
——《史記‧五帝本紀》

三皇五帝原來沒有禹

>>>

黃帝

五帝之首，中華民族始祖。在涿鹿之戰中打敗蚩尤，統一華夏。

顓頊

繼黃帝後即位，打敗奪位的共工，制定曆法《顓頊曆》。

>>>

帝嚳

確立節氣，促進了農業發展。傳聞是《山海經》中天帝帝俊的原型。

任用「八元八愷」十六位賢
人，流放四個凶神，設立九
官分管政事。

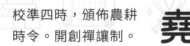

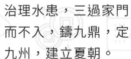舜

校準四時，頒佈農耕
時令。開創禪讓制。

堯

治理水患，三過家門
而不入，鑄九鼎，定
九州，建立夏朝。

禹

為什麼要排
擠我……

湯武革命

有道伐無道

21

夏、商、周三朝更替時，分別發
生了兩場重大革命，後人將它們
合稱為「湯武革命」，「有道伐
無道」也成為我國古代封建王朝
更替的基本理念之一。

湯

打破王朝永恆的革命家

成湯

建立商朝

　　成湯的祖先是契（ㄒㄧㄝˋ），據說契是他母親吞下鳥蛋後生下的。契曾輔佐大禹治水，被封在商地。成湯在夏朝時成為諸侯的老大，可以討伐其他不聽話的諸侯。成湯重視賢才，相傳他為了請隱士伊尹來輔佐自己，前前後後跑去找了他五次。

　　當時的夏朝君主桀（ㄐㄧㄝˊ）生性殘暴，壓榨百姓，荒廢政務。百姓們都十分憎恨他，甚至傳唱起「這個太陽什麼時候消失啊，我們願意和你一起滅

亡」的歌謠。於是成湯創作《湯誓》，以上天的名義召集諸侯討伐夏桀，並在鳴條大勝，滅了夏朝。之後成湯登上天子之位，建立商朝，各諸侯國也紛紛表示歸附。

原來如此　網不住兔子，網得住人心！

　　成湯外出打獵，看見有人張著四面網捕獵動物。他不忍心動物被捕光，下令把其中三面撤去，並向上天禱告：「想往左的往左走，想往右的往右走，不聽指揮的才到我的網裡來。」其他諸侯都被他的仁德感動。這也是成語「網開一面」的由來。

周文王

善於隱忍的修德之君

姬昌

出生地
岐周 （今陝西岐山）

生 年
不詳

卒 年
不詳

身 份
周朝奠基人

技 能

忍耐反擊

出師未捷身先死

周文王姬昌原來是商朝的諸侯之一，被封為「西伯侯」。當時的商紂王殘暴荒淫，簡直是夏桀的升級版。他推崇酷刑，殘忍殺害了不少大臣，還把姬昌囚禁起來。姬昌的家臣趕緊獻上很多禮物，紂王才放過他。

姬昌從此開始隱忍。他出獄後向紂王獻上一塊土地，表示順從。紂王很開心，給了他征伐其他諸侯的權力。但比起武力征服，他更喜歡以德服人，最終贏得了許多諸侯的歸順。遺憾的是，他去世得比較早，沒能親眼看到商紂的滅亡和周朝的誕生。

姬昌被囚禁時，將《易經》從八卦演繹為六十四卦，流傳後形成如今《周易》一書，成為中國的傳統經典之一。

 大開眼界 **不用露面就能「征服」他人**

姬昌還在周國時，篤行仁義，禮賢下士，很多士人都跑來依附他。當時其他諸侯國之間產生矛盾，爭論很久都沒能解決，就去找姬昌評理。他們一進入周國，就看到田地間的農民相互推讓地界，路上的行人都禮讓老人。諸侯們十分慚愧，沒有臉再去找姬昌，而是各退一步，解決了爭端。

周武王

征伐暴紂的周朝建立者

姬發

出生地

岐周
（今陝西岐山）

生年

不詳

卒年

不詳

身份

周朝開國君主

技能

牧野之力

伐紂滅商

姬昌去世後，他的兒子姬發繼位為武王，追封父親為文王。周武王重用姜子牙和弟弟姬旦等人治理國家，國家日益強盛。他牢記伐紂的使命，但不敢冒進，一直靜觀其變。

此時的紂王越來越殘暴昏庸，他的兄弟微子多次勸告無果，無奈離開；臣子比干因為屢次勸諫，惹怒紂王，被開膛剖心；最後連朝廷的樂官也害怕得投奔周國。

姬發認為紂王已經天理難容，便聯合諸侯討伐紂王，在牧野大敗商軍，推翻了商朝。於是周朝建立，定都鎬京，開始大規模分封諸侯。

你知道嗎？ 姜子牙：我有獨特的釣魚技巧

周武王伐紂成功，離不開姜子牙的輔佐。姜子牙年老時仍十分窮困，每天就在渭水邊釣魚，被剛好經過的周文王發現，拜為太師。傳說姜子牙的釣魚方式十分奇特，竟然使用沒有魚餌的直鉤。有人提醒他，他卻不在意地回答：「老夫釣的不是魚，是王侯。」

周王朝是怎麼煉成的

大禹成功治水後，舜將帝位禪讓給他，夏王朝建立。
後來，大禹的兒子繼承帝位，開啟了王位世襲制。

王位傳到桀後，他荒淫、殘暴，被湯討伐。
於是夏朝滅亡，商朝建立。

替天行道！

湯乃興師率諸侯，伊尹從湯，湯自把鉞
以伐昆吾，遂伐桀……於是諸侯畢服，湯
乃踐天子位，平定海內。

——《史記·殷本紀》

然而歷史再次重演。
商朝末代的紂王比桀更糟糕。

紂王文武雙全，
既能言善辯，又能與野獸搏鬥。

帝紂資辨捷疾，聞見甚敏；材力過人，手
格猛獸；知足以距諫，言足以飾非；矜人
臣以能，高天下以聲，以為皆出己之下。
　　　　　　　　——《史記·殷本紀》

史記

但他四處征戰，還增加百姓的賦稅。
國家的金庫和糧倉滿滿的，百姓的肚子卻空空的。

他命人把美酒倒進池子，形成「酒池」。
又把大量的肉懸掛起來，變成「肉林」。

厚賦稅以實鹿台之錢，而盈鉅橋之
粟……大取(ㄐㄩˋ)樂戲於沙丘，以酒為
池，縣(ㄒㄩㄢˊ)肉為林。
　　　　　　　　——《史記·殷本紀》

紂王還沉迷聲色。

他尤其寵愛妲己，對她言聽計從。

這些行為不僅激起了民眾的怨恨，也令諸侯們不滿。

紂王聽說後，設下許多酷刑處置他們。

好酒淫樂，嬖於婦人。愛妲己，妲己之言
是從……百姓怨望而諸侯有畔者，於是
紂乃重刑辟，有炮格之法。

——《史記·殷本紀》

史記

西伯侯姬昌聽說了這些事，忍不住嘆了口氣。
結果被旁人告密，紂王將他打入大牢。

不要這麼認真嘛……

姬昌的臣子趕緊進貢奇珍異寶，
保住他的性命。

既然你們誠心誠意地
求我了，那我就大發
慈悲地放了他吧！

美滋滋

西伯昌聞之，竊嘆。崇侯虎知之，以告
紂，紂囚西伯羑里。西伯之臣閎夭之徒，
求美女奇物善馬以獻紂，紂乃赦西伯。
——《史記·殷本紀》

姬昌出獄後，深知紂王已經無藥可救，
便萌生了伐紂的想法。

求賢若渴的姬昌在渭水邊遇到了姜子牙，
將他帶回王宮，輔佐自己。

於是周西伯獵，果遇太公於渭之陽，與語
大說，曰：「自吾先君太公曰『當有聖人
適周，周以興』。子真是邪？吾太公望子
久矣。」故號之曰「太公望」，載與俱歸，
立為師。
——《史記·齊太公世家》

有道伐無道 湯武革命

只可惜，姬昌出師未捷身先死。
他的兒子姬發繼位，史稱周武王。

周武王建立了新都鎬（ㄏㄠˋ）京，
他勤政愛民、養精蓄銳，準備討伐紂王。

> 文王崩，武王即位。九年，欲修文王業，
> 東伐以觀諸侯集否。
> ——《史記·齊太公世家》

周武王時刻留意紂王的情況，
尋找出兵時機。

得知紂王身邊的忠臣都離開了之後，
周武王果斷出擊。

到你了！

居二年，聞紂昏亂暴虐滋甚，殺王子比
干，囚箕子。太師疵、少師彊抱其樂器而
奔周。於是武王遍告諸侯曰：「殷有重
罪，不可以不畢伐。」
——《史記・周本紀》

各地諸侯紛紛響應。

在誓師大會上，周武王創作了《太誓》來鼓舞士氣。

兩軍在牧野進行決戰。

周武王的軍隊兵少力薄，十分「寒酸」。

乃遵文王，遂率戎車三百乘，虎賁三千
人，甲士四萬五千人，以東伐紂。

——《史記·周本紀》

而紂王動用了七十萬大軍，
自認為高枕無憂。

睡個美容覺。

但他早已失去民心，商朝軍隊也無心作戰，
甚至希望周武王趕緊攻進來。

來俘虜我吧！

……

撲通

帝紂聞武王來，亦發兵七十萬人距武王。
武王使師尚父與百夫致師，以大卒馳帝
紂師。紂師雖眾，皆無戰之心，心欲武王
亟入。

——《史記·周本紀》

反觀周武王這邊，姜子牙謀略高深，
將士們萬眾一心，軍隊氣勢如虹。

結果可想而知，
商軍被打得丟盔棄甲、潰不成軍。

紂師皆倒兵以戰，以開武王。武王馳之，
紂兵皆崩畔紂。

——《史記·周本紀》

紂王見大勢已去，
逃到高臺上自焚而亡。

從此，周朝正式取代商朝。

拜拜了您嘞！

紂走，反入登于鹿台之上，蒙衣其珠玉，
自燔於火而死。武王持大白旗以麾諸
侯，諸侯畢拜武王，武王乃揖諸侯，諸侯
畢從。

——《史記·周本紀》

【酒池肉林】

紂王過著極度奢靡的生活，
用美酒裝滿池子，將大片大
片的肉懸掛起來形成林子。

【靡靡之音】

享樂無度的紂王命樂師創作
柔弱、頹廢的舞樂，聽了使
人委靡不振，不思朝政。

【牝（ㄆㄧㄣˋ）雞司晨】

周武王在誓師大會上，指責
紂王只聽婦人之言而荒廢國
政，就像古書上說的，讓母
雞報曉的家族會衰落。

【助紂為虐】

紂王被認為是暴君，所以用「助紂為虐」來比喻幫助壞人幹壞事。

【百步穿楊】

傳說古時候有個擅長射箭的人，能在一百步以外射中楊柳樹的葉子，百發百中。

【左支右絀（ㄔㄨˋ）】

指射箭時左手持弓，右手彎曲的姿勢。後來形容因為能力不足而顧此失彼，疲於應付。

周朝興衰

歷史總是驚人的相似

3 /

周公先後輔佐周武王和周成王，
周朝迅速發展起來。可惜後來周
幽王不理國事、重用佞臣，導致
國破家亡。雖然諸侯們扶立他的
兒子，周朝得以延續，卻再也回
不到當初的輝煌。

周公

集大功大德於一身的最強輔助

姬旦

左輔右弼

兩份禱詞

　　周公是周武王的弟弟，周文王在世時就以孝順仁愛聞名。周朝建立後，他輔佐周武王處理政務。

　　後來，周武王得了重病，周公以自身為供品，向先祖禱告：「如果祖先需要有人伺候，請讓我代替他去。我辦事靈活，多才多藝，能把你們伺候好。」第二天，周武王的病就好了。

　　周武王去世後，周成王繼位，周公繼續輔佐他。周成王有一次也生了重病，周公把自己的指甲剪下來，丟到河裡，向河神禱告：「成王年紀小，不懂事。如果冒犯了您，就請怪罪到我的頭上。」沒多久，周成王的病也好了。

原來如此　孔子的偶像、失眠一族的最愛

　　在所有古代聖人裡，孔子最崇拜周公，也一直致力於恢復周公的禮樂制度。但現實與他的理想社會越來越遠，他只好發出「我很久沒有夢見周公」的感慨。後來人們將周公和夢聯繫起來，睡覺也被稱作「見周公」了。

周公我好想你！

周幽王

被美人掏空所有的亡國之君

姬宮湼

出生地

鎬京
(今陝西西安)

生 年

不詳

卒 年

西元前 771 年

身 份

周朝君主

技 能

烽火遊戲

烽火戲諸侯

　　周朝傳到周幽王手中時，發生了許多自然災害，民間開始流傳國家氣數將盡的說法。而周幽王卻忙著哄不愛笑的寵妃褒姒（ㄅㄠ ㄙˋ）開心。周朝設有烽火臺，可以在遇到敵襲時召集援兵。周幽王點燃它召來諸侯，讓褒姒觀賞他們驚慌趕來的模樣，終於逗得她哈哈大笑。周幽王於是經常點燃烽火來討美人歡心，而被戲弄的諸侯也漸漸不再應召前來。

　　後來，周幽王為了立褒姒為后，廢掉了原來的皇后，皇后的父親氣得聯合繒（ㄗㄥ）國、西夷犬戎來攻打周幽王。周幽王點燃烽火召集援兵，卻沒有一人前來。最終他在驪山下被犬戎殺死，西周也隨之滅亡。

你知道嗎? 一笑傾國的褒姒是什麼來歷?

　　傳說夏朝時宮中出現兩條龍，宮人將它們的唾液裝進匣子裡，祈求吉兆。匣子一直傳到周朝。後來周厲王打開匣子，唾液落到地上變成黑蜥蜴，沾到一個侍女身上。侍女因此生下一個小女孩，小女孩被侍女丟棄，又被帶到褒國。她長大後異常美麗，被獻給幽王。這就是褒姒的來歷。

周公旦是周文王的兒子，周武王的弟弟。
他從小就是個乖孩子，
既孝順長輩，又友愛兄弟。

武王伐紂時，周公也隨軍輔佐。

> 周公旦者，周武王弟也。自文王在時，旦
> 為子孝，篤仁，異於群子。
> ——《史記·魯周公世家》

周朝建立後，武王封周公到魯地。
但周公想繼續協助他，就讓兒子替自己到封國去。

周武王為了新王朝日夜操勞，
過了兩年就因病去世了。

遍封功臣同姓戚者。封周公旦於少昊之虛
曲阜，是為魯公。周公不就封，留佐武王。
——《史記·魯周公世家》

繼位的周成王年紀還小，周公擔心新王朝動盪，
主動替他處理政事，

史稱「周公攝政」。只可惜，周公為國家付出心血，
卻被一些不懷好意的人曲解。

其後武王既崩，成王少，在強葆之中。周
公恐天下聞武王崩而畔，周公乃踐阼代
成王攝行政當國。
　　　　　　　　——《史記·魯周公世家》

如果史記這麼帥 ❶ 帝國風雲

當初，周武王滅商後，
把紂王的兒子武庚封到朝歌。

周武王為了監視武庚，
將三個弟弟封到朝歌附近，形成「三監」。

封商紂子祿父殷之餘民。武王為殷初定
未集，乃使其弟管叔鮮、蔡叔度相祿父
治殷。

——《史記·周本紀》

史記

周公攝政後，「三監」非常不滿：
大家都是弟弟，憑什麼周公就能掌握大權！

武庚趁機跟「三監」串通，
四處散播周公意圖篡（ㄘㄨㄢˋ）位的謠言。

管叔及其群弟流言於國曰：「周公將不
利於成王。」
　　　　　　　　　　——《史記·魯周公世家》

謠言一直傳到王都，
也傳到了周公耳中。

周公非常委屈，向其他大臣哭訴，
說自己代理國政，都是為了穩定周朝的大業。

周公乃告太公望、召公奭曰：「我之所以
弗辟而攝行政者，恐天下畔周，無以告我
先王太王、王季、文王。三王之憂勞天下
久矣，於今而後成。武王蚤終，成王少，
將以成周，我所以為之若此。」
——《史記·魯周公世家》

為了第一時間接待賢士，
自己都顧不上好好洗一次頭、吃一頓飯。

大臣們聽了十分感動。
謠言也很快就平息了。

周公戒伯禽曰：「我文王之子，武王之弟，
成王之叔父，我于天下亦不賤矣。然我一
沐三捉髮，一飯三吐哺，起以待士，猶恐
失天下之賢人。子之魯，慎無以國驕人。」
——《史記·魯周公世家》

陰謀沒有得逞，武庚又聯合「三監」等勢力，
發起叛亂。

周公奉周成王之命，舉兵東征，
平定了「三監之亂」。

看你怎樣？!

你、你看啥？

管、蔡、武庚等果率淮夷而反。周公乃奉
成王命，興師東伐，作大誥。遂誅管叔，
殺武庚，放蔡叔。
——《史記·魯周公世家》

史記

周公在攝政的第七年，
正式還政給長大的周成王。

但周公沒有就此隱退，
繼續給周成王提出各種建議。

成王長，能聽政。於是周公乃還政于成
王，成王臨朝。周公之代成王治，南面倍
依以朝諸侯。及七年後，還政成王，北面
就臣位，匔匔如畏然。
　　　　　　　　——《史記·魯周公世家》

於是，又有詆毀周公的謠言在國都流傳。
這一次，周成王起了疑心。

周公得知後，
沒有解釋什麼，就離開了國都。

及成王用事，人或譖周公，周公奔楚。
——《史記·魯周公世家》

不久，周成王偶然得知自己病重時，
周公曾向河神禱告，願意用他的性命換回自己的性命。

成王十分內疚，
趕緊派人將周公迎回。

初，成王少時，病，周公乃自揃其蚤沉之
河，以祝於神曰：「王少未有識，奸神命者
乃旦也。」亦藏其策於府。成王病有瘳……
成王發府，見周公禱書，乃泣，反周公。
——《史記·魯周公世家》

就這樣，君臣間消除了猜疑。

在周公的全力輔佐下，周王朝逐漸興盛起來。

周公在歷史上頗負盛名，不僅司馬遷為他點讚，

就連孔子、孟子也對他評價頗高。

成王在豐，天下已安，周之官政未次序，
於是周公作周官，官別其宜。作立政，以
便百姓。百姓說。

——《史記·魯周公世家》

詞語大富翁

【握髮吐哺】

周公十分禮賢下士。當有賢才求見時,他即使正在沐浴或吃飯,也要立刻握著濕漉漉的頭髮或吐掉口中的食物,趕過去接待人家。

【無可奈何】

西周末年,周幽王過分寵愛褒姒,不理國事。連大臣們也覺得「災禍已經來了,沒有辦法了。」

【前功盡棄】

戰國末年,周王室受到秦國兼併戰爭的威脅,忙派人勸阻白起,說他如果打出一場敗仗,之前的功勞就會全部廢棄,還不如不打。

周公解夢

曾經，我幫哥哥打仗。

周公制定了一系列禮樂制度，規範貴族在衣食住行等方面的行為，以維護統治。▼

幫侄子處理政事。

現在，我要為自己而活！

民間流傳有靠夢境來占卜吉凶的《周公解夢》一書，並不是周公所作。▼

周公解夢

新店開張

一律六折

小朋友來看看呀！

周朝大事話你知！

后稷

堯的兄弟，周朝的始祖。傳說他是母親姜原踩了巨人的腳印而懷上的。

西元前1046年，滅亡商朝，建立周朝。實行分封制，形成「天子─諸侯─卿大夫─士」的等級制度。實行嫡長子繼承制和井田制。

周文王
周武王

周平王

西元前 770 年，東遷都城，中國歷史進入東周時期，春秋戰國時代開啟。

西元前 256 年，東周被秦國滅了。

周赧王

周幽王

寵幸褒姒，荒廢朝政，還用烽火戲弄諸侯，結果遭遇犬戎之禍，西周滅亡。

周穆王

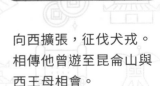

向西擴張，征伐犬戎。相傳他曾遊至昆侖山與西王母相會。

制定禮樂制度，規定長幼貴賤有別。

周成王
周　　公

大秦帝國

一代代君王的積累

41

從開國之君算起，秦國經過
了三十幾代人的累積，最後
由秦始皇施展雄才大略，統
一六國，建立了中國歷史上
第一個統一的多民族國家。

秦穆公

開啟秦國霸業的諸侯王

嬴任好

出生地
雍（ㄩㄥ）城
（今陝西寶雞）

生年
不詳

卒年
西元前 621 年

身份
秦國國君

技能

引進外援

秦晉之好

　　秦穆公是春秋時期秦國的國君，他廣納賢士，大膽招攬百里奚、蹇（ㄐㄧㄢˇ）叔、由余等其他國家的人才，勵精圖治，發展國力。他志在稱霸中原，但軍隊戰鬥力不行，只好轉而向西發展，開闢疆土千里之廣，稱霸西戎。

　　當時秦國和鄰國晉國經常發生摩擦。秦穆公為了和晉國搞好關係，向晉獻公提出聯姻，迎娶了他的女兒。後來，晉國太子圉（ㄩˇ）入秦為質，秦穆公又把女兒嫁給了他，兩國親上加親。不久晉國發生內亂，這位女婿竟然偷偷逃回去繼位。秦穆公很生氣，後果很嚴重，他找來流亡國外的晉公子重（ㄔㄨㄥˊ）耳，將女兒改嫁給他，協助他回國打敗太子圉，成為晉文公。此後秦晉兩國迎來了一段時間的和平。

你知道嗎？ 五張羊皮換來一個治國達人

　　秦穆公和晉國聯姻時，陪嫁的奴僕中有一位叫百里奚的人，他尋機離開送親隊伍，逃到楚國。秦穆公聽說他很有賢才，想用重金贖回，又怕被楚王察覺百里奚的價值，於是按照當時奴隸的價格——五張公羊皮跟楚國交換。百里奚來到秦國，被任命為大夫，幫助秦穆公成就霸業。後來人們稱他為「五羖（ㄍㄨˇ）大夫」，「羖」指的就是公羊。

實行變法、一心求強的君主

秦孝公

嬴渠梁

出生地

櫟陽
（今陝西西安）

生 年

西元前 381 年

卒 年

西元前 338 年

身 份

秦國國君

技 能

改弦更張

力挽狂瀾

　　秦穆公之後的幾代君主不夠有能力，秦國國力逐漸衰弱，不是被晉國暴打，就是被晉國分家後的魏國暴打，被各個諸侯瞧不起。當時各諸侯間也互相征伐吞併，剛即位的秦孝公面對內憂外患，下定決心要帶領秦國觸底反彈。

　　秦孝公廣施恩德，救助孤兒寡婦，招募戰士，論功行賞，並頒佈了著名的《求賢令》，重金網羅天下賢士，徵求富國強兵之策。商鞅因此來到秦國，不惜得罪舊貴族，說服秦孝公實行變法。此後，秦國社會經濟快速發展，軍隊戰鬥力也大幅提升。

　　國力變強後，秦孝公派出軍隊，擊敗魏國，收復河西地區，並且一路攻打到河東，為以後秦統一全國奠定了基礎。

原來如此　幾代人的希望

　　秦孝公的改革深受他父親秦獻公的影響。在這之前，秦國經歷了四代亂政，內鬥頻發，國力衰弱，在其他大國的夾縫中求生。直到胸懷大志的秦獻公奪位繼任，銳意改革，才將國家拉出低谷。秦孝公子承父業，開拓進取，在商鞅的協助下進行大刀闊斧的變法改革，這才將秦國推向最強之路。

秦始皇帝

懷掃六合，統一天下的始皇帝

嬴政

出生地
邯鄲

生 年
西元前 259 年

卒 年
西元前 210 年

身 份
秦朝開國皇帝

技 能

一統天下

千古一帝

　　嬴政十三歲登上王位，但直到成年後剷除權臣呂不韋，才開始獨攬大權。他在李斯、王翦（ㄐㄧㄢˇ）等能臣武將的輔佐下，吞併六國，建立起中國歷史上第一個統一的封建王朝——秦朝，定都咸陽。因為他認為自己遠遠比「三皇」和「五帝」厲害，所以創造了「皇帝」這一稱號，自稱「始皇帝」。

　　為了不再出現諸侯混戰的局面，秦始皇在李斯的建議下，用郡縣制取代分封制，牢牢掌握住對地方的管轄權，奠定了中國兩千多年封建社會政治制度的基本格局。他還統一法律制度、度量衡、車軌距離、貨幣和文字，並大規模修築長城來抵禦匈奴。但他苛政虐民，又追求長生仙術，最後在東巡途中暴斃而亡。

 大開眼界　**為了長生不老，他竟一直被耍**

　　千古一帝秦始皇，唯一害怕的可能就是死亡了。他熱衷於尋找長生不老藥，結果不僅被騙走許多錢財，還一無所獲。曾經有位方士去尋仙，找到一本寫著「亡秦者胡也」的書。秦始皇以為「胡」是指匈奴，就派蒙恬帶軍隊去打擊匈奴。他沒想到的是，幾年後秦朝竟在他兒子胡亥的手中滅亡。

秦始皇的漫漫求仙路

秦始皇嬴政繼位後，
積極對外擴張，吞併六國，完成了統一大業。

他用郡縣制代替分封制，
推行「書同文、車同軌」等一系列措施，
鞏固政權。

行車不規範，
親人兩行淚！

> 分天下以為三十六郡，郡置守、尉、監……
> 一法度衡石丈尺。車同軌。書同文字。
> ——《史記·秦始皇本紀》

他覺得自己的功勞超過「三皇五帝」，
便創造了「皇帝」一詞，作為最高統治者的稱號。

為了永遠掌握權力，秦始皇開始追求長生不老，
派了很多方士去尋找仙藥。

王曰：「去『泰』，著『皇』，采上古『帝』
位號，號曰『皇帝』。他如議。」制曰：
「可。」
　　　　　　　　——《史記·秦始皇本紀》

他還聽說，皇帝祕密出行，
可以驅逐惡鬼、迎來神仙。

於是他頻繁外出巡遊，
還在經過的地方刻石記功。

* 不文明行為，切勿模仿。

二十八年，始皇東行郡縣，上鄒嶧山。立
石，與魯諸儒生議，刻石頌秦德，議封禪
望祭山川之事。乃遂上泰山，立石，封，
祠祀。

　　　　　　　　　——《史記・秦始皇本紀》

有個叫徐福的人說，他曾經在大海中看到神山，
那裡居住著仙人。

秦始皇十分高興，
派他帶上許多童男童女去求仙。

既已，齊人徐福等上書，言海中有三神
山，名曰蓬萊、方丈、瀛洲，仙人居之。請
得齋戒，與童男女求之。於是遣徐福發童
男女數千人，入海求仙人。
　　　　　　　　——《史記·秦始皇本紀》

然而幾年過去了，
徐福一行人耗費了大量財力，
仍一無所獲。

他們害怕受到責罰，就欺騙秦始皇，
說尋藥過程中經常被大鯊魚阻攔，請求支援。

方士徐福等入海求神藥，數歲不得，費
多，恐譴，乃詐曰：「蓬萊藥可得，然常為
大鮫魚所苦，故不得至，願請善射與俱，
見則以連弩射之。」
——《史記·秦始皇本紀》

結果，秦始皇當晚就夢見了大鯊魚！

嗷嗷嗷嗷 !!

鯊魚變成人的模樣，
攻擊秦始皇。

你是哪塊
小餅乾？

始皇夢與海神戰，如人狀。
　　　　　　　　　——《史記·秦始皇本紀》

史記

秦始皇從夢中驚醒，
冷汗直流。

第二天，
他趕緊讓占卜師解夢。

必須除掉牠，才
能請來仙人。

問占夢，博士曰：「水神不可見，以大魚
蛟龍為候。今上禱祠備謹，而有此惡神，
當除去，而善神可致。」
——《史記·秦始皇本紀》

於是，秦始皇命令士兵們帶上弓弩，
一同前去尋找鯊魚。

終於，他們發現了一條大魚。
秦始皇一箭就射中了牠。

乃令入海者齎捕巨魚具，而自以連弩候
大魚出射之。自琅邪北至榮成山，弗見。
至之罘，見巨魚，射殺一魚。遂並海西。
——《史記·秦始皇本紀》

秦始皇總算放心了。
他繼續期盼徐福將長生不老藥帶回來。

不久，秦始皇在巡遊中生了重病。
他還沒等來長生不老藥，就先等來了死神。

至平原津而病。始皇惡言死，群臣莫敢言
死事……七月丙寅，始皇崩於沙丘平臺。
——《史記·秦始皇本紀》

他去世後，宦官趙高立刻和丞相李斯密謀，
將遺詔改為由皇子胡亥繼承皇位。

為了隱瞞秦始皇已死的事實，
胡亥等人沒有直接返回咸陽，
而是裝作繼續出巡的樣子，繞了很長一段路。

> 高乃與公子胡亥、丞相斯陰謀破去始皇
> 所封書賜公子扶蘇者，而更詐為丞相斯
> 受始皇遺詔沙丘，立子胡亥為太子。
> ——《史記·秦始皇本紀》

夏天天氣炎熱，秦始皇的屍體開始腐爛發臭。
胡亥等人就買了鹹魚放在車上，掩蓋屍體的味道。

就這樣，千古一帝秦始皇死在了尋找不老藥的路上。
他死後還被臣子和兒子利用，落得一個很不體面的結局。

會暑，上輻車臭，乃詔從官令車載一石鮑
魚，以亂其臭。行從直道至咸陽，發喪。
——《史記·秦始皇本紀》

【樂而忘返】

秦始皇的祖先造父是王室司機，有一次他載周天子到西方巡視，結果周天子沉迷玩樂，捨不得離開。

【指鹿為馬】

幫助胡亥上位的趙高做了丞相後，牽了一頭鹿上朝，故意將牠說成馬，以此立威。

【土崩瓦解】

後人認為秦國的衰敗是日積月累造成的，所以人們一起義，它就像土山崩塌、瓦片破碎一樣徹底完了。

一統天下，秦始皇離不開這些祖先！

漢代的政論家賈誼評價秦始皇「奮六世之餘烈」，意思是說秦朝的建立離不開秦始皇六位先祖的勵精圖治。

秦孝公

在位時間：西元前361年—前338年

主要事件：商鞅變法、收復河西

得力下屬：商鞅

秦武王

在位時間：西元前311年—前307年

主要事件：假道伐韓、舉鼎而死

秦惠文王

在位時間：西元前338年—前311年

主要事件：合縱連橫、滅蜀敗楚

得力下屬：張儀

秦莊襄王

在位時間：西元前 249 年—前 247 年
主要事件：滅亡東周
得力下屬：呂不韋

秦孝文王

在位時間：西元前 250 年，即位三日就逝世

秦昭王

在位時間：西元前 306 年—前 251 年
主要事件：遠交近攻、長平之戰
得力下屬：魏冉、范雎（ㄐㄩ）、白起

秦始皇

在位時間：西元前 247 年—前 210 年
主要事件：統一六國、建立秦朝
得力下屬：李斯、王翦、蒙恬

霸王項羽

不以成敗論英雄

51

項羽年少成名,在巨鹿之戰中一戰封神。但他自恃武力,剛愎自用,最後在楚漢之爭中慘敗。這位英雄到末路時仍大呼「天亡我,非戰之罪也」,豪氣叱吒群雄。

項羽

勝於戰術而敗於驕傲的起義軍領袖

項梁

出生地

泗水郡下相縣
（今江蘇宿遷）

生 年

不詳

卒 年

西元前 208 年

身 份

秦末起義軍領袖

技 能

招兵買馬

起義反秦

　　項梁，是戰國末年楚國將領項燕的兒子。他早年為了躲避仇人，逃到吳中。由於威望很高，他主管徭役和喪葬等大事，藉此機會一邊鍛鍊自己用兵調度的能力，一邊暗中招兵買馬，訓練將士。

　　秦末陳勝、吳廣起義，會稽郡太守也找項梁商議起兵大計。項梁不甘受人差遣，殺了太守，接管他的人馬，組織起一批精兵。他們渡過長江，和秦軍交戰，打了很多勝仗。項梁聽從謀士范增的建議，接回楚懷王流落民間的孫子，復辟楚國，自號為武信君。

　　因為連續取勝，項梁開始輕視敵人，軍中的士兵也有所鬆懈。他的手下宋義規勸他驕兵必敗，項梁不以為意，最終在定陶之戰中不敵秦軍，兵敗身死。

原來如此　你能力怎樣，我一清二楚

　　項梁曾經多次主持大型事務，並觀察做事的人的能力。有次他安排完職務，有個人沒有得到任用，很不服氣，就到項梁面前討個說法。項梁告訴他：「之前有一件喪事交給你主辦，但你沒有辦好。所以現在你沒機會了。」大家知道後都心服口服。

項羽

戰鬥力爆表仍無緣天下的蓋世英雄

項羽

出生地

泗水郡下相縣
（今江蘇宿遷）

生年

西元前 232 年

卒年

西元前 202 年

身份

秦末起義軍領袖、
西楚霸王

技能

破釜沉舟

一代戰神

項羽跟隨叔父項梁起義反秦。項梁陣亡後，他在巨鹿之戰大破秦軍，聲名響遍諸侯。然而，劉邦搶先攻入秦朝的心臟——關中。項羽大發雷霆，擺出鴻門宴想殺害劉邦，最後還是放了他一馬。秦朝滅亡後，他自立為西楚霸王。

後來，劉邦與項羽爭奪天下。項羽武力高強，多次打得劉邦落荒而逃。但劉邦仿佛打不死的小強，不斷捲土重來。兩軍相持許久後，雙方約定以鴻溝為界平分天下。然而劉邦突然撕毀盟約，在垓（ㄍㄞ）下包圍了楚軍。項羽聽到四面響起楚地民歌，以為已經全面淪陷。於是他趁著夜色率領精兵突圍，最後在烏江邊自刎。

歷史名場面 霸王也有兒女情長

項羽身邊有一位美人名叫虞（ㄩˊ）姬。項羽在垓下戰敗被圍困時，聽到四面響起楚地民歌，大驚失色，以為大勢已去，在營帳中飲酒澆愁，留下著名的《垓下歌》：「力拔山兮氣蓋世，時不利兮騅（ㄓㄨㄟ）不逝。騅不逝兮可奈何，虞兮虞兮奈若何！」虞姬也作歌應和，拔劍起舞，與項羽淚別。

項羽的家族世代是楚國將領。到他這一代，楚國被滅，
秦始皇統一了全國。

千萬別跟人說
你爺爺和秦始
皇打過架啊。

唔……

項羽從小跟著叔父項梁生活，
學了許多兵法知識。

這就叫「攻其不備，出
其不意」！學會了沒？

項籍少時，學書不成，去學劍，又不成。
項梁怒之。籍曰：「書足以記名姓而已。
劍一人敵，不足學，學萬人敵。」於是項
梁乃教籍兵法，籍大喜，略知其意，又不
肯竟學。
——《史記·項羽本紀》

他曾指著出巡的秦始皇說：「我可以取代那個人！」
被叔父急忙摀住嘴。

秦始皇逝世後，天下大亂，
六國殘部紛紛復國。各地農民起義也接連不斷。

	天下熱搜榜		
	─最勁辣 最熱門 最有料─		
1	秦始皇駕崩	5867892	爆
2	齊國復國了！爺青回	883799	漲
3	農民起義 全球直播	481280	熱
4	秦始皇遺詔疑似造假	679219	新

秦始皇帝游會稽，渡浙江，梁與籍俱觀。
籍曰：「彼可取而代也。」梁掩其口，曰：
「毋妄言，族矣！」
——《史記·項羽本紀》

史記

109

項羽也跟隨叔父起義，他們渡過長江，復辟楚國，
收攏民心，逐鹿中原。

他們率領著楚軍多次和秦軍交戰，
屢戰屢勝，逐漸輕敵。

項梁起東阿，西，比至定陶，再破秦軍，
項羽等又斬李由，益輕秦，有驕色。
——《史記‧項羽本紀》

看到起義軍這麼猖狂，秦軍趕緊調集幾十萬軍隊支援，
大敗楚軍。

秦軍又打敗了趙國的起義軍。
趙王和將領們逃進巨鹿城（今河北邢臺），被秦軍包圍起來。

章邯已破項梁軍，則以為楚地兵不足憂，
乃渡河擊趙，大破之。當此時，趙歇為
王，陳餘為將，張耳為相，皆走入巨鹿
城。章邯令王離、涉間圍巨鹿，章邯軍其
南，築甬道而輸之粟。
　　　　　　　　──《史記‧項羽本紀》

趙王連忙派使者向各個諸侯國求助。
楚國派出上將軍宋義和項羽前去解救。

宋義想看秦趙相鬥，
就讓軍隊在中途駐紮下來，停留了四十多天。

哈哈，打起來，
打起來。

王召宋義與計事而大說之，因置以為上
將軍；項羽為魯公，為次將，范增為末
將，救趙。諸別將皆屬宋義，號為卿子冠
軍。行至安陽，留四十六日不進。
　　　　　　　　　　——《史記·項羽本紀》

項羽則提議儘快和趙軍會合，共抗秦軍。
宋義拒絕了他。

看到宋義不僅不打仗，還大擺宴席，
而士兵和百姓卻處在飢寒交迫中，項羽怒火中燒。

我叫你吃
香喝辣！

項羽曰：「將戮力而攻秦，久留不行。今歲饑民貧，士卒食芋菽，軍無見糧，乃飲酒高會，不引兵渡河因趙食，與趙並力攻秦，乃曰『承其敝』……今不恤士卒而徇其私，非社稷之臣。」
——《史記·項羽本紀》

他衝進軍帳，殺了宋義。
其他將領畏懼項羽的強橫，
不敢反抗，並推舉他為上將軍。

奪下兵權後，項羽先派了兩萬人，
渡過黃河去試探秦軍。

項羽已殺卿子冠軍，威震楚國，名聞諸
侯。乃遣當陽君、蒲將軍將卒二萬渡河，
救巨鹿。戰少利，陳餘復請兵。
　　　　　　　　　——《史記·項羽本紀》

打了場小勝仗後，項羽馬上率領全軍過河。
他命令大家燒掉帳篷，砸爛船隻和燒飯的工具，
只留下三天的乾糧。

將士們都被項羽的決心和勇氣所感染，
迅速衝向秦軍，斷了他們的糧道。

兄弟們，咱們不吃，
別人也休想吃！

項羽乃悉引兵渡河，皆沉船，破釜甑，燒廬舍，持三日糧，以示士卒必死，無一還心。
——《史記·項羽本紀》

秦軍被打得傷亡慘重，慌忙撤退。
巨鹿城裡的趙軍也得救了。

其他諸侯援軍不敢出戰，躲在一旁。
楚軍戰鬥時傳來的喊殺聲，令他們十分驚恐。

當是時，楚兵冠諸侯。諸侯軍救巨鹿下者十餘壁，莫敢縱兵。及楚擊秦，諸將皆從壁上觀。楚戰士無不一以當十，楚兵呼聲動天，諸侯軍無不人人惴恐。
——《史記·項羽本紀》

項羽得勝後召見諸侯國將領，
他們一個個都跪著進入營地，
不敢直視項羽。

從此，項羽成為諸侯的上將軍，
統領各路諸侯軍。

於是已破秦軍，項羽召見諸侯將，入轅
門，無不膝行而前，莫敢仰視。項羽由是
始為諸侯上將軍，諸侯皆屬焉。
——《史記·項羽本紀》

【破釜沉舟】

巨鹿之戰前，項羽為了激發士氣，吩咐將士把飯鍋打破，把船鑿沉，表示戰鬥到底的決心。

【作壁上觀】

楚軍和秦軍在巨鹿決戰時，其他諸侯援軍都不敢出擊，遠遠待在壁壘上旁觀。

【錦衣夜行】

項羽認為發達後不回故鄉，就像在夜裡穿著華麗的衣服走路，沒有人知道。

【沐猴而冠】

項羽曾經被人暗中嘲笑像戴了帽子的獼猴一樣，只是徒有其表，打扮成人樣也掩蓋不了本質。

【四面楚歌】

楚漢交戰時，項羽大軍被漢軍包圍，四面響起楚國民歌，讓項羽覺得孤立無援，陷入困境。

【霸王別姬】

項羽兵敗被困，處於英雄末路，於是慷慨悲歌，與虞姬和愛馬訣別。

來自投降的士兵

全殲降軍！殘暴至極！

婦女老弱都不放過！

瑟瑟發抖！

項羽招降秦軍後，將二十萬降兵全部殺死坑埋。攻打齊國時，不僅坑殺降兵，還擄掠老弱婦女，燒殺搶奪，遭到百姓反抗。

來自韓信

匹夫之勇，婦人之仁，

我的手下敗將而已！

項羽戰場上有勇無謀，沒個將軍的樣子。戰場下對手下和善，噓寒問暖；但一旦有人立下戰功，他又不捨得給賞賜。

堂堂大將軍摳門摳到家了！

來自不知名人士

堂堂大英雄

卻跟模仿人的猴子一樣愚蠢

你們真的最煩人了！

項羽對回江東一直有執念。滅掉秦朝後，有人勸他在關中建都稱霸。他看著已經殘破不堪的宮殿，心裡只想著要回家。

穿上龍袍也不像皇帝呢！

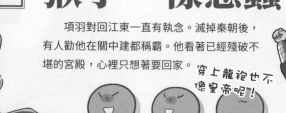

怎麼可以那麼蠢？

就沒見過腦子這麼簡單的憨憨！

項羽麾下頂尖的謀士范增，
被懷疑私通漢軍，氣得告老還鄉。

◆ 來自仰慕者

羽之神勇 千古無二

項羽曾約劉邦單挑，劉邦不敢，讓手下應戰。項羽親自上場，僅僅只是怒目呵斥，就將對方嚇得手軟，落荒而逃。劉邦這才出來和項羽對陣，結果受傷逃跑。

項羽大將軍神勇無敵啊！

◆ 來自李清照

以一敵百，拚命戰鬥到最後一刻的男人 實在是太帥了！

生當作人傑，死亦為鬼雄。
至今思項羽，不肯過江東。
——《夏日絕句》

121

漢朝建立

布衣提劍取天下

61

劉邦出身平凡,卻在秦末起義中成為領袖人物之一。他雖然經常打敗仗,但知人善任,拉攏了一幫能人,最後打敗霸王項羽,成就了漢朝大業。

漢鳥殂

草根無賴屢戰屢敗，仍能逆襲成王

劉邦

出生地

泗水郡沛縣
（今江蘇徐州）

生 年

西元前 256 年

卒 年

西元前 195 年

身 份

漢朝開國皇帝

技 能

馭人有道

草民皇帝

　　劉邦是沛縣一戶農家的窮小子，但他胸有大志，不愛幹農活，跑去泗水亭混了一個亭長當，並受到權貴呂公的青睞，娶了他的女兒。

　　秦朝末年，各地發生起義，劉邦也帶人攻佔了沛縣，並被擁立為沛公。他輾轉各地與秦軍戰鬥，又投奔項梁，和項羽並肩作戰，大破秦軍。後來他率先攻入關中，接受秦王子嬰的投降，廢除秦朝苛法，並約法三章，受到百姓的歡迎。項羽分封諸侯後，他不甘蝸居一方，於是任用能臣，積極整合反抗項羽的力量。經過四年的楚漢之爭，劉邦最終打敗項羽，一統天下，建立漢朝。

絕世好牌！我就不信會輸！

大開眼界

幹啥啥不行，用人第一名

　　著名說客酈食其（ㄌㄧˋ ㄧˋ ㄐㄧ）來投奔劉邦，卻看到他正坐在床邊，張開雙腿讓兩名女子給他洗腳。酈食其感覺受到冒犯，就痛斥了他一番。於是劉邦趕緊整理好衣服，向他道歉，並請他上座。正是因為對人才的尊重，並且能讓他們各盡其用，所以劉邦雖然經常打敗仗，但追隨他的人依然源源不斷。

呂后

權傾天下的冷血孤后

呂雉

出生地

碭郡單父縣
（今山東單縣）

生 年

西元前 241 年

卒 年

西元前 180 年

身 份

漢朝皇后

技 能

垂簾聽政

強勢掌權

　　呂雉出生在富貴人家，被眼光獨到的父親許配給劉邦。漢朝建立後，她成為第一位皇后，生有太子劉盈和長公主魯元。

　　後來，劉邦寵幸戚夫人，試圖改立她的兒子為太子。呂后為了鞏固自己的地位，協助劉邦誅殺功臣韓信和彭越，鎮壓地方反叛勢力。大臣們也反對廢長立幼，留侯張良獻計，讓呂后請來四位賢人輔佐太子。劉邦看到自己尋找多年的賢人竟然就在太子身邊，這才打消了重新立太子的念頭。

　　劉邦去世後，太子即位為漢惠帝，呂后開始干政。她殘害了戚夫人和她的兒子等人，惠帝見到後心生不忍，不願處理政事，憂鬱病逝。呂后的專權之路由此開啟。

 兒子去世不傷心，她打什麼主意？

　　漢惠帝去世時，失去了唯一兒子的呂后卻只是乾哭，沒有流下一滴眼淚。大臣們為了讓呂后安心，提議讓她的幾個兄弟當將軍，掌握實權。呂后聽到後，心中大喜，才真正「哀痛地」大哭起來。此後幾年，呂后代掌皇帝職權，呂家人的權勢也如日中天。

天下是我的了！

史上殺氣最重的飯局

秦朝末年，各地紛紛起義，
諸侯爭王稱霸。

先入關中者為 王

劉邦搶先到達關中。
項羽很不甘心，下令第二天攻打劉邦。

可惡！

又聞沛公已破咸陽，項羽大怒，使當陽
君等擊關。項羽遂入，至於戲西。沛公軍
霸上，未得與項羽相見。沛公左司馬曹無
傷使人言於項羽曰：「沛公欲王關中，使
子嬰為相，珍寶盡有之。」項羽大怒，曰：
「旦日饗士卒，為擊破沛公軍！」
——《史記·項羽本紀》

如果史記這麼帥 ❶ 帝國風雲

項羽有個叔父項伯，
想起自己的救命恩人張良在劉邦軍中，
擔心他受連累，連夜趕去通風報信。

張良聽說後，不願獨自逃跑，
而是將實情報告給了劉邦。

張良是時從沛公，項伯乃夜馳之沛公軍，
私見張良，具告以事，欲呼張良與俱去。
曰：「毋從俱死也。」張良曰：「臣為韓王
送沛公，沛公今事有急，亡去不義，不可
不語。」良乃入，具告沛公。
　　　　　　　——《史記·項羽本紀》

當時劉邦只有十萬兵卒，而項羽有四十萬。
劉邦自認比較膽小，不敢和項羽對抗。

於是他邀請項伯夜談，和他結為兒女親家，
並解釋說自己一直在等項羽來接管關中。

今兒月亮可真圓啊。

快說重點！

沛公奉巵酒為壽，約為婚姻，曰：「吾入
關，秋豪不敢有所近，籍吏民，封府庫，
而待將軍。所以遣將守關者，備他盜之
出入與非常也。日夜望將軍至，豈敢反
乎！願伯具言臣之不敢倍德也。」
　　　　　　　　　——《史記‧項羽本紀》

如果史記這麼帥 ❶　帝國風雲

項伯同意幫他說好話，
讓他明天儘早去和項羽謝罪。

聽哥的準沒錯！

第二天一大早，劉邦到鴻門向項羽賠罪，
表明自己無心與他爭奪關中。

沛公旦日從百餘騎來見項王，至鴻門，
謝曰：「臣與將軍戮力而攻秦，將軍戰
河北，臣戰河南，然不自意能先入關破
秦，得復見將軍于此。今者有小人之
言，令將軍與臣有郤。」
　　　　　　——《史記·項羽本紀》

項羽看劉邦這麼識相，也不好再計較，
便留他吃頓飯。

開宴後，項羽的謀士范增不時朝他使眼色，
暗示他拿下劉邦，但項羽都假裝沒看見。

項王即日因留沛公與飲……范增數目項王，
舉所佩玉玦以示之者三，項王默然不應。
——《史記·項羽本紀》

范增只好找項莊來表演舞劍，
伺機刺殺劉邦。

有殺氣！

項伯看出項莊的意圖，
也進入場中互動，不時擋住項莊的殺招。

布衣提劍取天下　漢朝建立

莊則入為壽。壽畢，曰：「君王與沛公
飲，軍中無以為樂，請以劍舞。」項王曰：
「諾。」項莊拔劍起舞，項伯亦拔劍起
舞，常以身翼蔽沛公，莊不得擊。
——《史記·項羽本紀》

張良見勢不妙，
趕緊溜出來找將軍樊噲商量。

樊噲一聽，
氣得直衝進宴會現場。

良曰：「甚急。今者項莊拔劍舞，其意常
在沛公也。」噲曰：「此迫矣，臣請入，與
之同命。」噲即帶劍擁盾入軍門。交戟之
衛士欲止不內，樊噲側其盾以撞，衛士
僕地。

　　　　　　　　　——《史記·項羽本紀》

如果史記這麼帥 ❶ 帝國風雲

他直瞪著項羽，
場面一時十分尷尬。

大塊頭，
你是何方
神聖？！

樊噲說自己是劉邦的手下。
項羽賞識他的勇猛，就賜給他美食。

吃嗎？

?!

> 噲遂入，披帷西向立，瞋目視項王，頭髮
> 上指，目眥盡裂。項王按劍而跽曰：「客
> 何為者？」張良曰：「沛公之參乘樊噲者
> 也。」項王曰：「壯士，賜之卮酒。」則與
> 鬥卮酒。
>
> ——《史記·項羽本紀》

樊噲毫不客氣，

一邊大吃大喝，一邊誇讚劉邦。

我們劉邦大大可是你的大功臣。

哈哈！

項羽聽著很不爽，

一語不發。

雞腿都堵不住你的嘴！

噲拜謝，起，立而飲之。項王曰：「賜之彘
肩。」則與一生彘肩。樊噲覆其盾於地，
加彘肩上，拔劍切而啗之。

——《史記·項羽本紀》

過了一會兒，劉邦找藉口溜了出來，
張良和樊噲也跟出來商量逃跑計畫。

樊噲提醒劉邦，不要像砧（ㄓㄣ）板上的魚肉一樣待人宰割，
催促他立馬就走。

坐須臾，沛公起如廁，因招樊噲出。沛公已
出，項王使都尉陳平召沛公。沛公曰：「今
者出，未辭也，為之奈何？」樊噲曰：「大行
不顧細謹，大禮不辭小讓。如今人方為刀
俎，我為魚肉，何辭為。」於是遂去。
　　　　　　　　　　——《史記·項羽本紀》

劉邦把準備好的厚禮留給張良，
交代他等自己逃遠了再回去謝罪。

等劉邦走遠了，張良才進去跟項羽辭別，
並獻上厚禮。

沛公謂張良曰：「從此道至吾軍，不過二十
里耳。度我至軍中，公乃入。」沛公已去，間
至軍中，張良入謝，曰：「沛公不勝杯杓，
不能辭。謹使臣良奉白璧一雙，再拜獻大
王足下；玉斗一雙，再拜奉大將軍足下。」
——《史記·項羽本紀》

如果史記這麼神❶ 帝國風雲

項羽接受了，范增則氣得將禮物扔在地上，
並大罵項羽。

你這小子，
氣死我了！

而劉邦在手下的配合下全身而退，
這才有了後來的楚漢相爭。

項王則受璧，置之坐上。亞父受玉斗，置
之地，拔劍撞而破之，曰：「唉！豎子不足
與謀。奪項王天下者，必沛公也，吾屬今
為之虜矣。」
——《史記·項羽本紀》

史記

【約法三章】

劉邦攻入秦都咸陽後，為了籠絡人心，和百姓定下「殺人者要處死、傷人者要抵罪、盜賊要判罪」三個規矩。

【暗度陳倉】

劉邦為了迷惑項羽，採納了韓信的計謀，表面派人修築棧道，暗中卻從陳倉出兵去平定三秦，爭奪天下。

【高屋建瓴（ㄌㄧㄥˊ）】

劉邦建立漢朝後定都長安，因為這裡地勢優越，一旦敵人入侵，攻打他們就像站在高處往下潑水一樣勢不可擋。

輪到你了

這裡有條蛇，斬！

劉邦斬蛇的劍名為赤霄劍，是十大名劍之一。▼

可惡的秦朝，斬！

劉邦斬蛇後，聽說那蛇是白帝之子，被赤帝之子殺害了，於是認為自己是神明的化身，十分開心。▼

敢跟我爭王，斬！

哈哈，接下來輪到誰呢？

功臣

◆ **來自沛縣縣令**

痞氣十足！
竟敢用空頭支票戲弄權貴！

　　劉邦看不慣趨炎附勢的人，曾帶上寫著「賀萬錢」的空紅包參加縣令和呂公的宴會，騙得主人大吃一驚，親自出來迎接他。

◆ **來自呂家親戚**

因為長得太好看，被有錢人招為婿！

　　呂公喜歡相面，從劉邦臉上看出他大富大貴有前途。於是不計較他的出身和潦倒現狀，不顧妻子反對，將女兒呂雉許配給他。呂雉也成為了呂后。

娃兒跟著冷血父親， 太慘了 ！

　　劉邦有次打了敗仗，帶著一對兒女慌忙逃跑。眼看楚軍快要追上馬車，劉邦竟毫不留情地將他們推下車。旁邊的隨從趕緊把小孩抱回到車上。這樣重複了幾次，劉邦才無奈地留下他們。

我看到他身上有龍！有他在收入就 翻倍 ！

　　劉邦常和朋友去酒店賒帳暢飲，喝醉就睡，總被人看見有龍浮仕身上。酒館也因為他每次來就營業額激增，免了他的單。

為了事業，把並肩作戰的 兄弟 趕盡殺絕 ！

不能讓那些亂七八糟的人奪走我劉氏的江山！

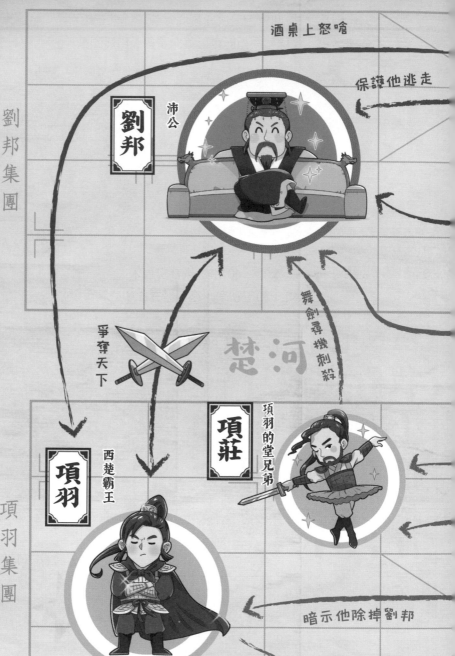

劉邦集團

劉邦　沛公

酒桌上怒嗆

保護他逃走

爭奪天下

楚河

舞劍尋機刺殺

項莊　項羽的堂兄弟

項羽　西楚霸王

項羽集團

暗示他除掉劉邦

選擇性聽從

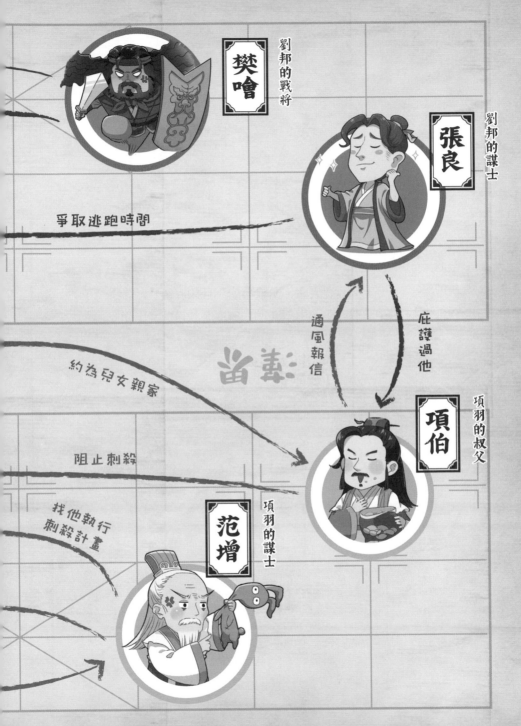

樊噲
劉邦的戰將

張良
劉邦的謀士

爭取逃跑時間

通風報信

庇護過他

項伯
項羽的叔父

約為兒女親家

阻止刺殺

范增
項羽的謀士

找他執行
刺殺計畫

輝煌大漢

始於文景，成於武帝

71

文景二帝在無為而治思想的
指導下，讓人民休養生息，
為漢朝日後的繁榮奠定基
礎，從而成就漢武盛世。

漢文帝

開啟漢朝盛世的小氣鬼

寬厚節儉

劉恒

出生地

河南郡滎（ㄒㄧㄥˊ）陽縣
（今河南滎陽）

生 年

西元前 202 年

卒 年

西元前 157 年

身 份

漢朝皇帝

技 能

克勤克儉

　　劉恒是劉邦的第四子，被封在代國為王。呂氏一黨被剿滅後，朝中重臣陳平、周勃等人推舉寬厚仁慈的劉恒繼任為漢文帝。

　　漢文帝重視農業生產，下令減輕田租，甚至帶頭親自耕田。他還以節儉聞名，在位多年沒為自己增加過新的宮室和服飾。有次宮裡打算修建露臺，他聽說要花費一百斤黃金，立馬心疼地叫停。他自己穿著樸素的衣服，也不准妃子穿華麗的衣裙。

　　漢文帝憐憫百姓，修改「一人犯罪、親人連坐、妻女入奴」的法律，並廢除肉刑。匈奴來犯時，他也不願出兵，只是命人加強邊塞的防禦，以免傷害百姓。在他的治理下，國家逐漸殷實富足，「文景之治」就此開啟。

皇帝居然穿得這麼破？

你知道嗎？ 天上掉的是餡餅還是陷阱？

　　呂氏家族被滅後，劉恒聽說朝廷要接自己去當皇帝，不敢輕易相信，想裝病推辭。通過占卜得到吉兆後，劉恒派舅舅去京城打探消息，得知情況屬實後才出發。他們來到京城，太尉周勃請求和劉恒單獨說話。小心謹慎的劉恒堅決不肯，大臣們只好當眾跪下，將天子印璽奉上。

劉啟

出生地
代國中都縣
（今山西平遙）

生年
西元前 188 年

卒年
西元前 141 年

身份
漢朝皇帝

技能

千里削藩

削藩平叛

　　劉啟即位為漢景帝後，重用晁（彳ㄠˊ）錯，大力削藩，引起各諸侯國的強烈不滿。吳王劉濞（ㄆㄧˋ）不願束手就擒，聯合了六個諸侯王謀反作亂。漢景帝情急之下，採納袁盎的計策，殺晁錯以平息七國怒火。然而事與願違，劉濞自稱東帝，試圖與中央分庭抗禮，漢景帝這才出動武力，派周亞夫等將領領兵攻打，僅三個月就將叛亂徹底平定。

　　漢景帝在統治期間，繼續採取無為而治、與民休息的政策，下令減免一半田租，鼓勵發展農業，使社會經濟得到進一步發展。他繼承和發展了漢文帝的事業，父子倆共同開創了「文景之治」。

原來如此　漢景帝早就得罪過吳王？

　　漢景帝和吳王劉濞之間早有矛盾。他還是太子時，曾經和吳王的兒子劉賢玩耍下棋。劉賢平日被寵壞了，沒把太子當回事，和他爭奪輸贏。劉啟也不讓步，拿起棋盤就砸過去，不料鬧出人命。劉濞看到愛子站著出去躺著回來，大發雷霆，從此恨上了劉啟。

151

漢武帝

開疆拓土的千古一帝

劉徹

出生地

長安
（今陝西西安）

生 年

西元前 156 年

卒 年

西元前 87 年

身 份

漢朝皇帝

技 能

權力集中

文治武功

　　劉徹出生前，他的母親王氏夢見一輪太陽撞入懷中，漢景帝認為這是富貴的吉兆。十六歲時，劉徹正式即位，但直到祖母竇太后去世後才掌握大權。

　　為徹底解決諸侯國割據的問題，漢武帝頒發推恩令，一步步瓦解了諸侯們的勢力，加強中央集權。對內，他在中央設置決策班子「中朝」，並設十三刺史監察地方官員；對外則積極擴張，任用衛青、霍去病等大將將匈奴打得落花流水，並經營西域，開闢「絲綢之路」。漢武帝偏愛儒家，選擇儒學作為正統思想，並開創由地方長官考察選舉本地區人才的官吏選拔制度。最終漢朝實現了空前的繁榮，一個盛世誕生了。

大開眼界　鬼神啊，賜予我力量吧！

　　漢武帝十分迷信。寵妃去世後，有人聲稱自己能召喚鬼神，讓武帝見到寵妃，於是武帝重重賞了他。那人又拉來一頭牛，告訴武帝牛肚子裡有異象。武帝讓人殺了牛，發現帛書，但覺得內容過於古怪，起了疑心。經過拷問，那個人承認帛書是自己餵給牛吃的。武帝便殺了他，但又不敢讓人知道自己被騙。

漢武帝的治國血淚史

在漢武帝之前，漢文帝和漢景帝都重視農耕，
讓百姓休養生息，開創了「文景之治」。

在外交上，他們也極力維持和平，
很少發動戰爭。

這些策略在年輕的漢武帝看來，
卻有些「窩囊（ㄋㄤˊ）」。
他更想宣揚儒家思想，還想一統天下。

但朝政大權掌握在太皇太后手中，
她喜愛道家，反對漢武帝推崇儒學。

而上鄉儒術，招賢良，趙綰、王臧等以文
學為公卿，欲議古立明堂城南，以朝諸
侯。草巡狩封禪改曆服色事未就。會竇
太后治黃老言，不好儒術。
——《史記·孝武本紀》

史記

155

迫於祖母的壓力，
漢武帝只能暫時放棄自己的理想。

直到太皇太后去世後，
追求進取的儒學才逐漸成為主流。

使人微得趙綰等奸利事，召案綰、臧，綰、
臧自殺，諸所興為者皆廢。後六年，竇太
后崩。其明年，上徵文學之士公孫弘等。
——《史記·孝武本紀》

漢武帝先是推行
「罷黜（ㄔㄨㄟˋ）百家，獨尊儒術」，
貶低其他各家學說，只尊崇儒家思想。

同時下令，各地都要推舉出一個孝順父母的人，
和一個清廉剛正的人。

及竇太后崩，武安侯田蚡為丞相，絀黃
老、刑名百家之言，延文學儒者數百人，
而公孫弘以春秋白衣為天子三公，封以
平津侯。天下之學士靡然鄉風矣。
——《史記·儒林列傳》

他還親自擔任主考官，
出題選拔人才。

這就是中國察舉制度的起源。

公孫弘為學官，悼道之鬱滯，乃請曰：
「……一歲皆輒試，能通一藝以上，補文學掌故缺；其高弟可以為郎中者，太常籍奏。即有秀才異等，輒以名聞……」制曰：「可。」自此以來，則公卿大夫士吏斌斌多文學之士矣。
——《史記·儒林列傳》

在宣揚儒學的同時，
漢武帝也運用刑罰，以顯示權威。

大家放輕鬆，
聊聊天而已。

後世評價漢武帝的這種做法，
是以儒家為主、法家為輔的治國策略，
俗稱「外儒內法」。

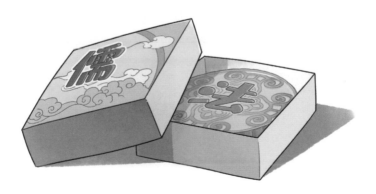

史記

漢武帝用這種做法統治了漢朝四十多年，
獲得了許多成就。

但到了統治後期，
他也開始犯糊塗。

想回到過去，試著
讓故事繼續……

首先，宮中發生了巫蠱事件，

他處置不當，間接害死了太子，

也連累了許許多多無辜的人，史稱「巫蠱之禍」。

接著，大將李廣利被匈奴打敗後，

選擇投降。

而單于以十萬騎待水南，與貳師將軍接戰。貳師乃解而引歸，與單于連戰十餘日。貳師聞其家以巫蠱族滅，因並眾降匈奴，得來還千人一兩人耳。

——《史記·匈奴列傳》

而漢武帝自己，多年來為了長生不老四處求仙，
多次上當受騙。

這一系列的打擊，
讓漢武帝開始自我反省。

而方士之候祠神人，入海求蓬萊，終無有
驗。而公孫卿之候神者，猶以大人之跡
為解，無有效。天子益怠厭方士之怪迂
語矣，然羈縻不絕，冀遇其真。
　　　　　　　　——《史記·封禪書》

他下了一道「輪台詔令」，檢討自己的過錯。
這是中國歷史上第一份由皇帝寫的「懺悔書」。

我錯了，原諒
我吧！

原諒我吧！

原諒我吧！

這之後，漢武帝調整國策，
停止打仗，回歸農耕。

史記

【四海為家】

原來指皇帝佔有全國，現在指能把什麼地方都當作自己家。

【一敗塗地】

一旦失敗就肝腦塗地，用來形容失敗到不可收拾的地步。

你太讓我失望了。

【大失所望】

意思是原來的希望完全落空。

【判若鴻溝】

鴻溝是項羽和劉邦約定用
來分隔楚漢的一條運河。
現形容界線很清楚，區別
很明顯。

【賢良方正】

原來指漢文帝時期一
種推舉官員後備人員
的制度，現在指德才
兼備的人品。

【千門萬戶】

用來形容殿宇深廣
或者人戶眾多。

漢初皇帝哪位強？

漢高祖建立漢朝，天下百廢待興。經過幾代人的休養生息，社會經濟恢復繁榮，漢朝在漢武帝的統治下成為當時最強大的帝國，漢族也因此得名。

在位時間：
西元前194年—前188年
主要事件：
易儲風波、蕭規曹隨

漢惠帝

在位時間：
西元前206年—前195年
主要事件：
斬蛇起義、楚漢之爭、建立漢朝、白登之圍

漢高祖

漢文帝

在位時間：
西元前179年—前157年
主要事件：
文景之治、二十四孝之親嘗湯藥

漢武帝

楚漢之爭

漢高祖劉邦通過打敗項羽，贏得楚漢之爭，統一天下。

在位時間：
西元前 140 年—前 87 年
主要事件：
削弱外戚勢力、 獨尊儒術
平定匈奴、 開闢絲綢之路

蕭規曹隨

曹參和漢惠帝按照蕭何定下的規矩執政，保證了社會穩定發展。

漢景帝

七國之亂

漢景帝大力削藩，引發七國之亂，還好在三個月內平定了。

在位時間：
西元前 156 年—前 141 年
主要事件：
文景之治、七國之亂

司馬遷

寫史難，為朋友出頭更難

8/

「人固有一死，或重於泰
山，或輕於鴻毛。」為了完
成父親的遺願，司馬遷忍辱
負重，最終完成史家絕唱
《史記》，流傳千古。

司馬遷

不辱使命的歷史記載者

司馬遷

出生地

龍門
（今陝西韓城南，
一說山西河津）

生年

西元前 145 年

卒年

不詳

身份

漢朝官員、
史學家

技能

史家絕唱

　　司馬遷小的時候，一邊幫家裡幹活，一邊在父親司馬談的指導下習字讀書。他十歲就能熟讀古文名篇，二十歲就出門遊歷，走遍了大半個中國。後來，司馬遷在父親的幫助下，來到漢武帝身邊任職，並結識了許多朋友，和他們談古論今，還得到儒學大師孔安國、董仲舒的指導。

　　司馬談去世後，司馬遷繼任太史公一職，負責整理國家藏書和檔案，他牢記父親的遺囑，繼續創作史書。然而，他受李陵之禍的牽連，鋃鐺入獄。為了未竟的事業，司馬遷毅然選擇宮刑贖身，忍辱負重完成了被評為「史家之絕唱，無韻之離騷」的《史記》，歷時十多年。

歷史名場面　宮刑後變膽小，不敢為朋友出頭？

　　由於司馬遷在漢武帝身邊工作，他的好朋友任安曾寫信請他幫忙推薦人才，但司馬遷沒有立即回應。後來，任安在太子謀逆事件中遭受牽連，被判了死罪。司馬遷這才趕緊回信，寫下《報任少卿書》，描述自己遭遇的不幸和痛苦，向他解釋自己「見死不救」的苦衷，以尋求原諒。

寧願受辱也要創作

元封元年,漢武帝出巡到泰山時,
舉行了第一次封禪大典。

當時,身為太史公的司馬談因病滯留洛陽,
不能參與封禪大典,
他非常傷心。

是歲天子始建漢家之封,而太史公留滯
周南,不得與從事,故發憤且卒。
——《史記·太史公自序》

如果史記這麼帥 ❶ 帝國風雲

他的兒子司馬遷剛剛出使回來，
急忙趕去探望。

司機停車，
等等我！

司馬談自知命不久矣，
邊哭邊講起了發家史。

我們司馬家……

太史公執遷手而泣曰：「余先周室之太史
也。自上世嘗顯功名于虞夏，典天官事。
後世中衰，絕於予乎？汝復為太史，則續
吾祖矣……今漢興，海內一統，明主賢君
忠臣死義之士，余為太史而弗論載，廢
天下之史文，余甚懼焉，汝其念哉！」
——《史記·太史公自序》

史記

司馬談說,
自孔子作《春秋》後幾百年,
再沒有人記錄歷史,

要司馬遷繼承這項事業。
司馬遷答應了,司馬談也安心合上了眼。

遷俯首流涕曰:「小子不敏,請悉論先人
所次舊聞,弗敢闕。」
　　　　　　　　　——《史記·太史公自序》

三年後，司馬遷當上了太史公，
有機會瀏覽宮中典籍，
開始創作《史記》。

就在司馬遷一心一意寫作時，
他的同事李陵捅了個大婁子。

卒三歲而遷為太史令，紬史記石室金
匱之書。
　　　　　　　　——《史記·太史公自序》

當時，漢武帝派李廣利帶兵討伐匈奴。
將軍李陵則帶兵從另一個方向進攻，
想分散敵人的兵力。

不破匈奴終不還！
兄弟，保重！

結果匈奴的單于出動八萬大軍攔截，
包圍了李陵。

數歲，天漢二年秋，貳師將軍李廣利將三
萬騎擊匈奴右賢王于祁連天山，而使陵
將其射士步兵五千人出居延北可千餘
里，欲以分匈奴兵，毋令專走貳師也。陵
既至期還，而單于以兵八萬圍擊陵軍。
——《史記·李將軍列傳》

弓箭都射完了，士兵也死傷慘重，
李陵卻一直沒等到援軍。

彈盡　　　　糧絕

我……等了
個寂寞？

匈奴加緊進攻，俘虜了李陵。
他無奈選擇了投降。

反正我也沒臉回
去了！我……我
投降了！

且引且戰，連鬥八日，還未到居延百餘里，
匈奴遮狹絕道，陵食乏而救兵不到，虜急
擊招降陵。陵曰：「無面目報陛下。」遂降匈
奴。其兵盡沒，餘亡散得歸漢者四百餘人。
　　　　　　　　　——《史記·李將軍列傳》

史記

漢武帝知道後，
氣得飯都少吃了半碗。

大臣們也紛紛詆毀李陵。

單于既得陵，素聞其家聲，及戰又壯，乃
以其女妻陵而貴之。漢聞，族陵母妻子。
自是之後，李氏名敗，而隴西之士居門下
者皆用為恥焉。
　　　　　　　　——《史記·李將軍列傳》

司馬遷和李陵交情不深，
但很欣賞他，
主動為李陵辯護。

這對漢武帝來說簡直是火上澆油。
他將司馬遷關進監獄，
判了死刑。

> 七年而太史公遭李陵之禍，幽於縲紲。
> ——《史記·太史公自序》

司馬遷拿不出錢贖身，
也沒有人為他辯護。

但司馬遷還是想活下去，
完成父親的囑託。

父親啊，請
您指引我！

好說
好說

乃喟然而嘆曰：「是余之罪也夫？是余之
罪也夫！身毀不用矣。」
——《史記·太史公自序》

於是他下定決心，
選擇了宮刑來代替死罪。

受刑後，
司馬遷想著，
周文王被拘禁時推演《周易》，
孔子在困窘中創作《春秋》。

退而深惟曰：「夫詩書隱約者，欲遂其志
之思也。昔西伯拘羑里，演周易；孔子厄
陳蔡，作春秋……」
——《史記·太史公自序》

屈原被放逐後寫下《離騷》，
左丘明失明後創作了《國語》，
孫臏遭受刑罰後撰寫了《兵法》。

呂不韋被貶後，《呂氏春秋》更加知名；
韓非被囚禁，《說難》《孤憤》更為流傳。

「屈原放逐，著離騷；左丘失明，厥有國
語；孫子臏腳，而論兵法；不韋遷蜀，世
傳呂覽；韓非囚秦，說難、孤憤……」
——《史記·太史公自序》

這些聖賢都曾經歷困境，卻沒有倒下，
反而用創作表明自己的志向。
司馬遷深受鼓舞，振作起來。

經過十幾年忍辱負重，
司馬遷終於完成了史家絕唱——《史記》。

人生一世間，如
白駒過隙……

「……詩三百篇，大抵賢聖發憤之所為
作也。此人皆意有所鬱結，不得通其道
也，故述往事，思來者。」於是卒述陶唐
以來，至於麟止，自黃帝始。
——《史記·太史公自序》

詞語大富翁

【不可勝道】

漢武帝時期,國家繁榮昌盛,海外來觀(ㄐㄧㄣˋ)見的國家多得數不清。

【失之毫釐,謬以千里】

雖然相差很小,但造成的錯誤極大。司馬遷引用這句話來說明春秋戰國時期的戰亂是因為國君丟掉了立國立身的根本。

【彬彬有禮】

漢朝繼承五帝的遺風,使得品學兼優的人才得到任用。現在用來形容一個人文雅有禮貌。

【春生夏長，秋收冬藏】

春天萌生，夏天滋長，
秋天收穫，冬天儲藏，
這是我們要順應的自然
界重要規律。

前方危險。

【風起雲湧】

形容秦末的起義發展得
十分迅速，像風雲湧動
一樣聲勢浩大。

【匡亂反正】

司馬遷評價孔子是
個致力於消除混亂
局面，恢復正常社
會秩序的賢人。

中國古代史書
有哪幾種編寫體例？

《春秋》

中國第一部編年體史書。
為孔子（春秋）所作。

·編年體·

最早的編寫歷史的方法，
按時間先後順序記述歷史

《左傳》

相傳為左丘明（春秋）所作。

《資治通鑑》

司馬光（北宋）主編。
記載了從周朝到五代共
1362 年間的歷史事件。

《國語》

中國第一部國別體史書。

·國別體·

以國家為單位
分別記述歷史事件

《戰國策》

劉向（西漢）編訂。
記載戰國時期各諸侯國的謀臣策士
的言論活動。

《三國志》

陳壽（西晉）所撰。
既是國別體也是紀傳體。

·紀傳體·

以人物傳記為中心
記述歷史事件

《史記》

中國第一部紀傳體史書。
司馬遷（西漢）編撰。

《漢書》

班固（東漢）編撰。
中國第一部紀傳體斷代史。

《後漢書》

范曄（南朝）所著。

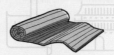

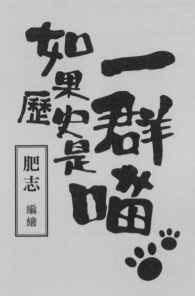

如果歷史是一群喵

肥志 編繪

神喵出沒注意！
奴才們，本喵把歷史變簡單了，
還不叩謝皇恩？

可愛漫畫附上參考典籍，
沒有亂編，全部都源自文獻！
精彩附錄解說，
輕鬆漫畫中學到有趣歷史，
舒壓、學習兩不誤！

第一卷
如果歷史是一群喵1
夏商西周篇》

第二卷
如果歷史是一群喵2
春秋戰國篇》

第三卷
如果歷史是一群喵3
秦楚兩漢篇》

第四卷
如果歷史是一群喵4
東漢末年篇》

第五卷
如果歷史是一群喵5
亂世三國篇》

第六卷
如果歷史是一群喵6
魏晉南北篇》

第七卷
如果歷史是一群喵7
隋唐風雲篇》

第八卷
如果歷史是一群喵8
盛世大唐篇》

第九卷
如果歷史是一群喵9
五代十國篇》

第十卷
如果歷史是一群喵10
宋遼金夏篇》

西遊記
妖界大地圖
神仙妖怪才知道
《西遊記》怎麼玩

張卓明◎著
段張取藝◎繪

【西遊記全視角立體構圖】

獨一無二，活靈活現，想像力超圖解
給孩子最棒的奇幻經典故事百科全書

◆最接地氣的經典奇幻文學禮物書

王母娘娘的仙界豪華大餐可以免費吃到飽？
神仙也要趕上班？還要打卡換制服？
天宮也有超人氣網美打卡景點？
妖界也有米其林三星餐廳？
龍王還分海龍王、河龍王、井龍王？
而且龍王還有分等級？